Michael P. Hopp

Oldenburg *entstaubt*

Die Faszination alter Bilder

Isensee Verlag
Oldenburg

Die Fotos und Bildvorlagen in diesem Band stammen zum Großteil aus dem Archiv des ISENSEE VERLAGS. Dieses Archiv wurde in mehr als fünf Jahrzehnten im Rahmen der Verlagstätigkeit zusammengetragen.

Ebenfalls enthalten ist Material aus dem Eigentum des Autors selbst.

Ein ganz besonderer Dank des Verlags und des Autors gilt *Hugo Liebert*, der die seltene Fußball-Postkarte beisteuerte.

Startklar zur Spritztour durch Oldenburg: Zu den ersten Automobilisten in der Stadt gehörte wohl der Auktionator *Rudolf Meyer*. Als stolzer Besitzer eines Dürkopp-Modells (um 1908) soll er seine Fahrkünste auch anderen interessierten Mitmenschen vermittelt haben.

Bibliografische Information der Deutschen Bibliothek
Die Deutsche Bibliothek verzeichnet diese Publikation in der Deutschen Nationalbibliografie; detaillierte bibliografische Daten sind im Internet über <http://dnb.ddb.de> abrufbar.

ISBN 978-3-7308-1418-5

Gedruckt bei Isensee in Oldenburg

Inhalt

Wenn ich die Geschichte
in Worten erzählen könnte,
brauchte ich keine Kamera
herumzuschleppen.

Lewis W. Hine, Fotograf (1874 – 1940)

Entstaubt und poliert

In diesen Zeiten, da Fake News und Alternative Fakten die internationale Welt des gesprochenen Wortes, des Bildes und der Texte dominieren, legen Autor und Verlag gesteigerten Wert auf die Feststellung, dass die Inhalte dieses Bandes keinerlei Falschdarstellungen oder sagen wir mal bewusste Falschdarstellungen enthalten.

Nichts wurde geschönt oder verdreht – lediglich ein wenig aufpoliert, wo's nötig tat. Komplizierte textliche Ursprungsversionen sind jedoch gelegentlich durch populäre Vereinfachungen ersetzt worden: eben im Sinne einer sinnvollen Simplizität.

Wäre es anders, was es ja nicht ist, wäre es zugegebenermaßen attraktiv gewesen, ein paar hübsche zusätzliche Sachen in diesem Band unterzubringen und als Oldenburgisch zu verkaufen. Ein Beispiel gefällig?

Die nebenstehende Abbildung 1 zeigt (v.l.n.r.) die Herren und politisch-lyrischen Dichterfreunde *Hermann Ferdinand Freiligrath* und *Friedrich Emil Rittershaus*. Beide sind unseren Leserinnen und Lesern hinlänglich bekannt – wir erwähnen die Namen hier nur der Vollständigkeit halber.

1

Da sitzen Sie nun gemütlich im Atelier eines Fotografen. Wir schreiben das Jahr 1868.

Herr *Rittershaus* hatte ein Jahr zuvor zuvor landauf, landab Geldspenden eingesammelt, um dem klammen Freund *Freiligrath* unter die Arme zu greifen. Der nämlich saß in England fest, hatte seinen Arbeitsplatz verloren. *Rittershausens* und anderer wohlmeinender

Zeitgenossen Spendenaufrufe erschienen u.a. in der „Gartenlaube", einer Massen-Illu ihrer Zeit. Sie wurde selbstverständlich auch im Oldenburgischen verschlungen.

Wie auch immer, was will uns das Motiv sagen? Dass im Atelier keine Hut-Ablage vorhanden war?

Nein, vielmehr ist dies die dazugehörige Bildunterschrift:

> „Ferdinand Freiligrath und Emil Rittershaus nach Freiligraths Rückkehr von England die erste Flasche Rheinwein in Oldenburg auf deutschem Boden trinkend."

Ein Zeitdokument erster Güte!

Die erste Flasche Rheinwein in Oldenburg trinkend! Genau! Oder? Haben Sie's gemerkt? Nein? Es muss natürlich heißen: „Die erste Flasche Rheinwein in *Düsseldorf* auf deutschem Boden trinkend".

Tja, so leicht wäre es gewesen, zu fälschen, zu schummeln, nur um ein weiteres lokales Oldenburger Vergangenheits-Glanzlicht kreieren zu können. Aber so etwas (die Schummelei) kommt – mit dieser kleinen Ausnahme – wie versprochen im folgenden nicht mehr vor.

Über die Hunte, zwischen Amalienstraße und Mühlenstraße, spannte sich einst (nach 1800) eine „Hohe Brücke". 2

Jetzt bauen wir eine gedankliche Brücke:

*

Was oder besser gesagt, wer in diesem Band ebenfalls nicht mehr vorkommt, das ist *Paul von Beneckendorff und von Hindenburg* (1847 bis 1934).

In einigen der bisherigen retrospektiven Vorgänger-Bildbände, die der Verfasser für den Isensee Verlag erarbeitet hat, ist auch immer mal wieder von ihm die Rede.

Hier und dort, bei einer Parade, bei einer Einweihung. Begleitet von den örtlichen Honoratioren des Großherzogtums und späteren Landes Oldenburg, flankiert von den Stadtkulissen der Zeit. Und überhaupt: Von 1893 bis 1896 kommandierte er bekanntlich das 91. Oldenburgische Infanterieregiment. Hatte damals einen Wohnsitz am Cäcilienplatz. Den späteren „Kriegshelden", Generalfeldmarschall und Reichspräsidenten verehrten große Teile der deutschen Bevölkerung. Er verhalf Hitler und den Nationalsozialisten zur Macht. 1917 erhielt er das Oldenburger Ehrenbürgerrecht – 2015 wurde es ihm wieder aberkannt.

3

Im Gegensatz zu *Hindenburg* wurde ein weiterer, vormaliger Oldenburger Ehrenbürger, nämlich der Schriftsteller und Heimatdichter *August Hinrichs* in den oben genannten Bänden nicht ein einziges Mal erwähnt.

Deshalb stellen wir ihn aus Paritätsgründen jetzt zumindest einmal im Bild vor. Die Abb. 3 zeigt ihn als 44-jährigen Tischlermeister in seiner Werkstatt in der Kurwickstraße.

August Hinrichs (1879 bis 1956) wurde schon zu Lebzeiten mit lokalen, regionalen und nationalen Ehrungen und Auszeichnungen überhäuft. Er verfasste unglaublich viele, zumeist niederdeutsche Volksstücke, Romane, Gedichte, Komödien und Hörspiele – um nur einiges zu nennen.

Von 1934 bis 1945 amtierte er als Landesleiter der Reichsschrifttumskammer, Gau Weser-Ems.

Sein erster großer Theatererfolg, die „Swienskumedi", eroberte unter dem hochdeutschen Titel „Krach um Jolanthe" die Bühnen und Kinosäle landauf, landab. Ein anderes ebenso bekanntes Stück, „Wenn de Hahn kreiht", erlebte 1930 seine Uraufführung im Oldenburgischen Landestheater: hier ein Szenenbild davon (Abb. 4).

Am Ende der schmalen Gasse zwischen der Bremer Landesbank und Galeria Kaufhof befand sich im August-Hinrichs-Hof lange Jahre ein wunderbarer Brunnen mit einem von der Künstlerin *Anna Maria Strackerjahn* 1967 geschaffenen, bronzenen Hahn (Abb. 5). Das kleine Ensemble versinnbildlichte natürlich die eben genannte Komödie und ihren Verfasser.

4 

5 

Nun, die Gasse heißt inzwischen nur noch Häusing und führt in einen Kaufhauskomplex hinein. Der Brunnen samt Hahn verschwand für lange, lange Zeit aus dem öffentlichen Raum – bis, ja bis man zumindest dem Bronzehahn (die Brunnenschale ist abgängig, also futsch) im Jahr 2013 einen neuen Platz im Garten des Stadtmuseums zugewiesen hat.

August Hinrichs war das Oldenburger Ehrenbürgerrecht 1944 zuerkannt worden. 2015 wurde es ihm wieder aberkannt.

Da steht es also nun, das kleine mit dem Namen des Ex-Ehrenbürgers verbundene Kunstwerk und ist den Augen der Öffentlichkeit weitestgehend entzogen, denn der Stadtmuseumsgarten zählt nun mal nicht zu den frequentiertesten Grünanlagen Oldenburgs. Muss er ja auch nicht.

Ein kleiner Bronzehahn, flügelschlagend und mit weit geöffnetem Schnabel, zum Gedächtnis an einen Ex-Ehrenbürger. Da kräht dieser Hahn vis-à-vis eines Museums, das den Namen eines aktuellen Ehrenbürgers (seit 1992) nämlich des Zeichners und Grafikers *Horst Janssen* trägt.

Das hat doch was!

6

Den gerade noch erwähnten Garten des Stadtmuseums gab es in etwas anderem Zuschnitt schon immer, als Außenanlage des Heimatmuseums, wie die ursprüngliche Bezeichnung lautete – und so sah ein Teil dieses schmucken Geländes mit Bassin und Gartenpavillon zum Beispiel im Jahr 1935 aus (Abb. 6).

Das Heimatmuseum selbst bestand aus den beiden Villen seines Stifters *Theodor Francksen* (1875 – 1914). Der wohlhabende Privatmann vermachte die Villen zusammen mit seinen kunst- und kulturgeschichtlich wertvollen Sammlungen seiner Heimatstadt Oldenburg.

Hier lehnt er an einer Tür im Treppenaufgang (Abb. 7 vor 1914).

Über das Heimatmuseum las man in einer Postille:

„Jeder Besucher genießt dort Stunden angenehmer Unterhaltung; er wird belehrt und erfreut zugleich. Er nimmt aus dem Museum mit fort unauslöschbare Eindrücke. Auch dem edlen Stifter des Heimatmuseums, dem Manne, dessen Herz warm für die Heimat schlug, widmet er ein dankbares Andenken – dem leider zu früh verstorbenen Theodor Francksen".

7

Oldenburgs erster Museumsbau war jedoch das Augusteum.

Dem Wunsch des Oldenburger Kunstvereins nach einem eigenen Ausstellungsgebäude entsprechend, entstand 1867 das Gebäude an der Ecke Damm/Elisabethstraße mit Förderung durch *Großherzog Nikolaus Friedrich Peter*, der das Museum im übrigen in Erinnerung an seinen Vater *Paul Friedrich August* benannte. Das Obergeschoss war der Großherzoglichen Gemäldegalerie vorbehalten.

In der Aufnahme aus der Entstehungszeit (Abb. 8) zieren noch überlebensgroße steinerne Statuen von Musen und Grazien die Dachbalustrade. Die Figuren sollen 1886 wieder entfernt worden sein, kann sein wegen Materialermüdung wie man heute vielleicht sagen würde. Kann aber auch nicht sein. Aber auch „oben ohne" machte das Gebäude eine gute Figur (Abb. 9). Und erfreulicherweise blieb es uns auch erhalten.

8

9

10

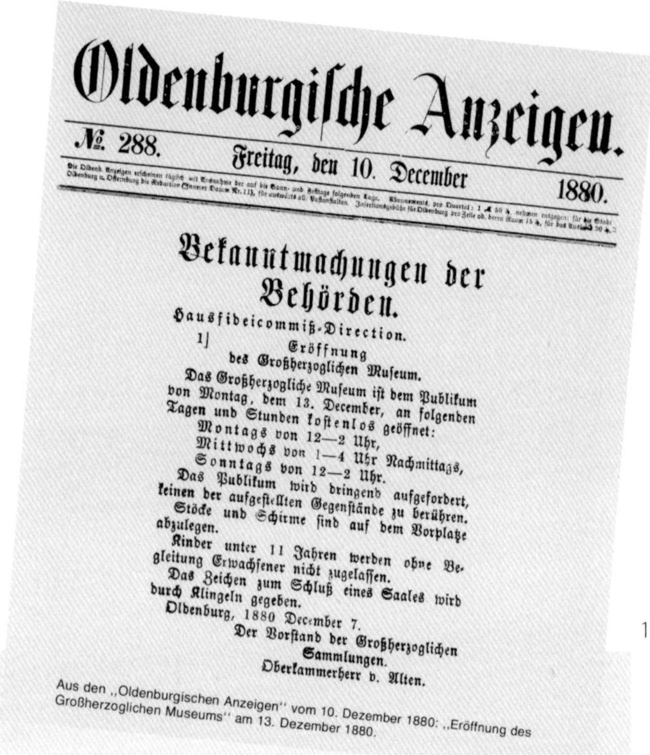

Oldenburgische Anzeigen.

№ 288. Freitag, den 10. December 1880.

Die Oldenb. Anzeigen erscheinen täglich mit Ausnahme der auf die Sonn- und Festtage folgenden Tage. Abonnements, pro Quartal: 1 ℳ 50 ₰, nehmen entgegen: für die Stadt Oldenburg u. Osternburg die Redaction (Innerer Damm Nr. 11), für auswärts all. Postanstalten. Insertionsgebühr für Oldenburg pro Zeile od. deren Raum 15 ₰, für das Ausland 20 ₰.

Bekanntmachungen der Behörden.

Hausfideicommiß-Direction.

1] Eröffnung des Großherzoglichen Museum.

Das Großherzogliche Museum ist dem Publikum von Montag, dem 13. December, an folgenden Tagen und Stunden kostenlos geöffnet:

Montags von 12—2 Uhr,
Mittwochs von 1—4 Uhr Nachmittags,
Sonntags von 12—2 Uhr.

Das Publikum wird dringend aufgefordert, keinen der aufgestellten Gegenstände zu berühren.

Stöcke und Schirme sind auf dem Vorplatze abzulegen.

Kinder unter 11 Jahren werden ohne Begleitung Erwachsener nicht zugelassen.

Das Zeichen zum Schluß eines Saales wird durch Klingeln gegeben.

Oldenburg, 1880 December 7.

Der Vorstand der Großherzoglichen Sammlungen.
Oberkammerherr v. Alten.

Aus den „Oldenburgischen Anzeigen" vom 10. Dezember 1880: „Eröffnung des Großherzoglichen Museums" am 13. Dezember 1880.

11

Zwölf Jahre nach der Eröffnung des Augusteums bezog das von *Paul Friedrich August* gegründete Großherzogliche Museum – heute Landesmuseum Natur und Mensch – seinen Platz an der Straße „Damm".

Die Abbildung 10 zeigt den von Hofbaumeister *Schnitger* gefertigten Entwurf des Gebäudes, wie er dann auch umgesetzt wurde. Von der Eröffnung am 13. Dezember 1880 erschien in den Oldenburgischen Anzeigen eine amtliche Bekanntmachung mit deutlichen Hinweisen an das Publikum auf richtiges Verhalten beim Besuch (Abb. 11).

Anfänglich zeigte das Museum ausschließlich naturhistorische Sammlungen, später kamen ethnologische Sammlungen und Altertümliches hinzu.

Zu den speziellen und sozusagen besonders populären Sehenswürdigkeiten des Hauses zählte der ausgestopfte „Riesenalk" (*Pinguinus Impennis*) auch Pinguin der Nordhalbkugel (Abb. 12) genannt. Der große, flugunfähige Seevogel starb bereits 1844 aus, unter anderem weil das schwerfällige Wesen als leichte Jagdbeute fungierte, deren Fleisch und Fett man nicht nur in Seemannskreisen schätzte.

Heute ist dieser große Vogel immer noch im Museum am Damm zu sehen. Und zwar im Naturalien-Cabinett oben im Haus. Dort steht er in einem Vitrinenschrank, zusammen mit anderen Exponaten, und wirkt irgendwie ein wenig verloren. Aber gut, das ist ja ein Zustand, den wir auch bei menschlichen Ex-Promis beobachten.

Hauptsache er ist noch da!

12

Zu den bemerkenswerten Exponaten eines anderen Museums, nämlich des Landesmuseums im Oldenburger Schloss, zählt zweifellos das sagenumwobene Oldenburger Wunderhorn. Es handelt sich dabei um eine Kopie (Abb. 13) des wohl ursprünglich im 15. Jahrhundert aus vergoldetem Silber gefertigten Originals. Das wiederum ist Teil des dänischen Kronschatzes im Kopenhagener Rosenborg Slot.

Zur realen Geschichte des Trinkhorns empfehlen wir weiterführende Literatur.

Die Entstehungs-Sage jedoch führt in die Sandkruger Osenberge (deren höchste Erhebung so um die 23 Meter beträgt).

Dort soll ein gewisser Graf *Otto von Oldenburg* auf der Jagd gewesen und durch Hetze und Hitze durstig geworden sein. Dieser *Otto* ist vermutlich eine reine Märchengestalt. Im 16. Jahrhundert, als das Horn nach Oldenburg gelangte, gab es keinen *Otto* im hiesigen Grafengeschlecht. Doch zurück zur Sage.

Wie das so ist im Wald und auf der Heide , trat flugs eine schöne junge Frau (Fee) aus einem Osenberg-Hügel hervor, um Ottos Durstgefühl vermittels eines gefüllten Trinkhorns abzuhelfen.

13

14

Sie sprach: (wir kürzen mal ab) „Trinkt daraus, dann geht's euch und eurem Land gut. Trinkt ihr nicht, wird die Grafschaft zerfallen." Otto trank nicht, warum auch immer, sondern schüttete den Inhalt aus, ein paar Tropfen benetzten den Hintern seines Pferdes und versengten dort das Fell.

So, jetzt wollte die Fee das Horn zurück, aber Otto behielt das gute Stück und galoppierte auf und davon ... Ende.

Eine Zeichnung von *Bernhard Winter* (Abb. 14) illustriert das dramatische Geschehen.

15

Aber nicht allein an Museumsschätzen interessiert sondern auch theaterbegeistert war man in Oldenburg schon immer.

Der repräsentative Bau des Großherzoglichen Theaters von 1881 zum Beispiel (Abb. 15) zeigte sich mit der ursprünglichen Freitreppe zum Theaterwall hin und mit dem seitlichen Zugang an der Roonstraße. Dieser Bau mit der flachen Kuppel brannte allerdings 10 Jahre später ab.

16

Das dann 1893 errichtete „neue" dem Vorgänger ähnliche Theater (Abb.16 um 1910) weist ebenfalls noch eine den Gesamteindruck mitprägende Freitreppe auf. Sie hat man jedoch um 1959 schon teilweise und im Jahr 1974 endgültig entfernt, da der Theaterwall nunmehr modernisiert, sprich seine Fahrbahn autogerecht verbreitert wurde.

Im Bildvordergrund links sehen wir einen Brunnen mit der von *Paul Peterich* geschaffenen Bronzefigur „Knabe mit Fisch" und rechts das Theater-Restaurant.

17

Einige Jahrzehnte später, 1940, lautete dessen Firmierung Ottilie-Hoffmann-Haus. Frau *Hoffmann*, eine gebürtige Bremerin, hatte schon 1900 den Deutschen Bund abstinenter Frauen gegründet und propagierte generell ein Leben ohne Alkohol. Zahlreiche Gasthäuser folgten der Idee und boten auf ihrer Speisekarte so manches zu futtern und zu trinken an, nur nicht Schnaps, Bier & Co.

Wie dem auch sei, auch die Namens-Etiketten des großen Musentempels wechselten mit der Zeit; aus dem Großherzoglichen Theater wurde 1919 das Oldenburgische Landestheater und schließlich 1938 das Staatstheater. Im damaligen Freistaat Oldenburg hatten die Nationalsozialisten schon seit 1932/33 die Macht und das blieb nicht ohne Auswirkung auf die Spielpläne.

„Gewaltiges", wie es *Richard Wagner* komponierte, kam dem propagierten Geist der „neuen Zeit" entgegen. (Abb. 17, Oldenburger Aufführung der Götterdämmerung, Spielzeit 1933/34).

Nach dieser schweren Opernkost scheint ein leichtes Bilderrätsel angebracht, das seine Betrachter bereits im Jahr 1900 ebenso unterhielt, wie irritierte. Ganz oben auf der Grafik (Abb. 18) schwingt der eben erwähnte *Richard Wagner* den Taktstock. Ob das der Schlüssel zur Lösung ist? Wir helfen ein wenig: die Lösung umfasst vier Worte.

(Ungeduldige schlagen die Seite 59 auf)

18

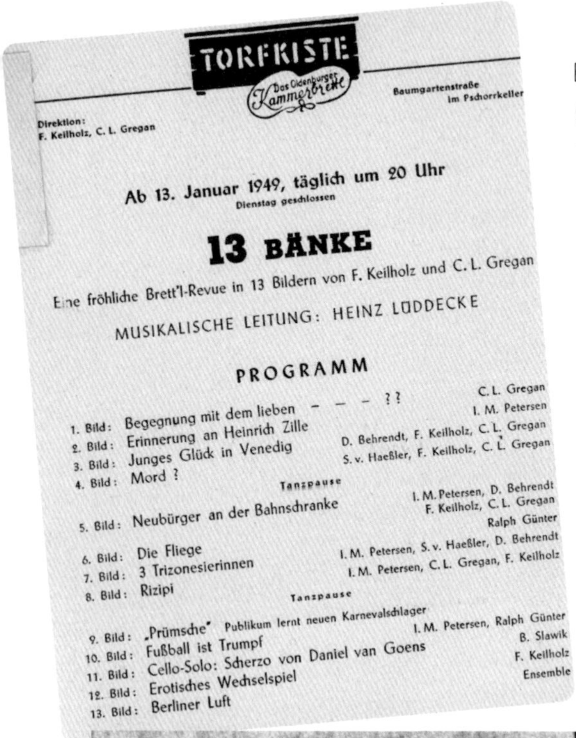

TORFKISTE
Das Oldenburger Kammerbrettl

Direktion:
F. Keilholz, C. L. Gregan

Baumgartenstraße
im Pschorrkeller

Ab 13. Januar 1949, täglich um 20 Uhr
Dienstag geschlossen

13 BÄNKE

Eine fröhliche Brett'l-Revue in 13 Bildern von F. Keilholz und C. L. Gregan

MUSIKALISCHE LEITUNG: HEINZ LÜDDECKE

PROGRAMM

1. Bild:	Begegnung mit dem lieben – – – ??	C. L. Gregan
2. Bild:	Erinnerung an Heinrich Zille	I. M. Petersen
3. Bild:	Junges Glück in Venedig	D. Behrendt, F. Keilholz, C. L. Gregan
4. Bild:	Mord ?	S. v. Haeßler, F. Keilholz, C. L. Gregan
	Tanzpause	
5. Bild:	Neubürger an der Bahnschranke	I. M. Petersen, D. Behrendt F. Keilholz, C. L. Gregan Ralph Günter
6. Bild:	Die Fliege	I. M. Petersen, S. v. Haeßler, D. Behrendt
7. Bild:	3 Trizonesierinnen	I. M. Petersen, C. L. Gregan, F. Keilholz
8. Bild:	Rizipi	
	Tanzpause	
9. Bild:	„Prümsche" Publikum lernt neuen Karnevalschlager	I. M. Petersen, Ralph Günter
10. Bild:	Fußball ist Trumpf	B. Slawik
11. Bild:	Cello-Solo: Scherzo von Daniel van Goens	F. Keilholz
12. Bild:	Erotisches Wechselspiel	Ensemble
13. Bild:	Berliner Luft	

19

Die Aufbruchstimmung nach dem 2. Weltkrieg ging auch im Oldenburgischen mit einem Heißhunger nach eher unbeschwerter Unterhaltung einher. Die große Bühne wiederum, und ebenso Variétés, Kabaretts, Kinos, Tanzsäle und Kneipen erlebten Hochkonjunktur. Hinzu kamen noch viele freie Kulturangebote, wie wir heute sagen würden.

Zum Beispiel die Oldenburger Bauernbühne der Landwirtschaftskammer. Sie verpackte ernste landwirtschaftliche Fragen und Themen in Schwänke. Den Anfang machte 1949 das plattdeutsche Stück „Sure Melk". Ein humorvoller Dreiakter, wie man liest, über die Gewinnung und Behandlung von Milch. Abbildung 20 zeigt das Ensemble um den Autor *Werner Wehmeyer* (dritter von rechts) werbewirksam gruppiert vor einem VW-Bulli T1. Heutzutage zahlen Oldtimer-Fans für dieses Modell, je nach Zustand, saftige bis obersaftige Preise. Aber das nur am Rande.

In der Baumgartenstraße, im damaligen Pschorrkeller liefen die Programme der Kleinkunstbühne Torfkiste (Abb. 19, Programmzettel von 1949) tatsächlich benannt nach der Kiste mit dem unverzichtbaren Brennstoff, der in den Nachkriegsjahren wohl in keinem Oldenburger Haushalt fehlen durfte.

Die Maxime des „Kammerbrettl": Frohsinn mit Tiefgang, Ironie und Politkritik – und in den Pausen wie auch zum Schluss wurde getanzt. Der Bühne war allerdings nur ein kurzes Dasein von einigen Monaten beschieden. Das lag an den Zeitumständen. Die neue D-Mark wurde weniger

20

19

20

fürs kulturelle Freizeitvergnügen ausgegeben, sondern mehr für begehrte und notwendigere Dinge und Waren, die jetzt zur Verfügung standen. In den freigewordenen Keller zog die Tanzbar Palette ein.

Für den „Fußball“ jedoch öffnete man schon seit dem Ende des 19. Jahrhunderts gerne mal das gut-bürgerliche Portemonnaie. Als diese Sportart vor langer, langer Zeit noch mehr mit rustikaler Spielfreude und sportlichem Teamplay zu tun hatte als mit Kommerz und Steuerhinterziehung, da ward am 17. Oktober 1897 der F.C. Oldenburg gegründet. Er fusionierte 1919 mit dem Fußball Verein Germania von 1903 und man einigte sich auf den neuen Clubnamen Verein für Bewegungsspiele von 1897 e.V.

Zu den Fußballfans der Zeit muss der Oldenburger Glaser *Franz Lampe* gehört haben. Seine künstlerische Ader in der Auseinandersetzung mit dem fragilen Werkstoff Glas brachte ihm aber erst mal den Auftrag zur Anfertigung eines großen, farbigen Motiv-Glasfensters für das Weinrestaurant auf der Landesausstellung 1905.

Es ist das 5-teilige, konvex gebogene Objekt (Abb. 23) auf der linken Bildseite.
Nicht leicht zu erkennen, aber immerhin.

Mit der Bleistiftzeichnung eines Fußballers (Abb. 22) erwies sich *Franz Lampe* zudem als Oldenburger Sportsfreund. Die Arbeit diente als Vorlage für die Herstellung von entsprechenden Ansichtskarten und das wiederum besorgte die Druckerei *Julius Lambrecht & Sohn* (Abb. 21).

22

Julius Lambrecht & Sohn
Oldenburg i./Gr., Peterstr. 17.
Lithographische Anstalt.
Hofsteindruckerei Sr. Kgl. Hoheit des Grossherzogs.
Etiquetten. — Plakate.
Kaufmännische Formulare.
Autographie (Abklatsch)
schnelles und billiges Verfahren zur Vervielfältigung von Schriftstücken, Zeichnungen, Formularen etc. etc.

21

Auf der Rückseite der Fußball-Postkarte findet sich der Aufdruck: Fußball-Club Oldenburg von 1897 e.V. nebst handschriftlichen Zeilen des Absenders an den Adressaten in Lindern bei Ocholt: „Von einem Fußball-Bummel senden wir Dir herzliche Grüße ...“

23

24

Ja, seitdem ist viel Wasser die Hunte herab, vor Freude oder Verdruss aus den Augen der Fans und von oben auf die Oldenburger Fußballplätze geflossen.

Und lang ist's her, dass wahre Besuchermassen sich auf dem Platz drängten. Wie hier beim DFB-Pokalspiel im Dezember 1973 (Abb. 24) als Borussia Mönchengladbach zu Gast war. Höflich, wie man hierzulande ist, durften die Gäste die Punkte mitnehmen ...

In diesem Sinne und zu guter Letzt noch ein nostalgischer Blick auf den Oldenburger Fußballplatz der Zeit (Abb. 25 um 1910) in Donnerschwee. Wir sehen: gerade das Bürgertum zeigte sich hier mit der ganzen Familie als interessiertes Publikum.

25

So. Jetzt schauen wir uns einige bemerkenswerte Ansichten des Oldenburger Hafens an, der seit dem 14. Jahrhundert als Stau bezeichnet wird. Ob sich der Name vom Verladen oder Stapeln von Gütern im Schiffsverkehr oder dem Aufstauen und Aufhalten von Wasser herleitet, muss wohl im Dunklen bleiben.

Die Wasser des Hafens reichten einst an die Stadtbefestigung heran, eben bis an das Stautor, eines der fünf ehemaligen Stadttore, das hier am Ende der Staustraße stand und das 1792 entfernt wurde. Seinerzeit war die Fotografie noch nicht erfunden, deshalb müssen wir uns mit späteren Aufnahmen bescheiden – jedoch immer noch umweht von lang vergangener Hafenstimmung, von lang vergangenem Kolorit.

26

27

Beschaulich mutet das Motiv von 1905 (Abb. 26) an; die kaiserliche Oberpostdirektion (links) ist schon erbaut. Dann aus den 10er Jahren des 20. Jahrhunderts stammen die wunderbaren Bilder (Abb. 27 und 28) mit den Frachtenseglern.

Ein Fährmann am Stau sorgte mit seinem kleinen Holzboot dafür, dass Passagiere bequem von der Huntestraße zur gegenüber liegenden Seite übersetzen konnten und zurück natürlich (Abb. 29). Der schmucke Pavillon war zum Ausruhen da. Bestimmt war auch die Kasse des Käpt'n drin.

28

29

30

31

Neben all' den beruflichen Schiffsbewegungen am Stau hatten auch Wassersportler Platz für Anlegestellen und Raum für ihr Hobby, wie die Abbildungen 30 und 31 aus den 1930er Jahren zeigen.

So runde zwanzig Jahre später erwies sich die schwimmende Fischbratküche am Stau als Magnet für Kunden mit großem Hunger und kleinem Gourmet-Anspruch (Abb. 32 von 1955). Sowieso war noch mehr los und zu sehen am Stau, mal arbeitstechnisch-maritim gesehen.

Hafenkräne knarrten und ratterten vor sich hin, wie hier 1955 an der Rheinumschlag-Kaje (Abb. 33) oder auf der anderen Seite des Flusses (Abb. 34 von 1970) als man den Jahresumschlag des Binnenhafens mit mehr als 1,3 Million Tonnen bezifferte.

2016 waren es übrigens auch nicht mehr als 1,05 Millionen Tonnen, so steht's in der Statistik. Ist ja auch kein einfaches Geschäft. Denn die ganz,

33

32

34

ganz großen Pötte kommen erstens vom Tiefgang her nicht in die Hunte herein, hätten zweitens auch nicht Sand, Kies, Erden und Futtermittel etc. im Bauch – sondern wären drittens Hochhaus-hoch mit Containern vollgepackt. Die kriegt man nur per Containerbrücken von den Pötten herunter. Zum Beispiel im Wilhelmshavener Jade Weser Port. Da brummt das am tiefen Wasser ja im ganz großen Stil vor sich hin, bzw. soll im ganz großen Stil vor sich hin brummen.

Egal, Oldenburg hat nicht nur Binnenhafenwasser, sondern einiges mehr an Wasserläufen und Wasserflächen zu bieten.
Ein absoluter Favorit des Verfassers unter all den historischen Motiven ist die „schöne Amalie", also die frühere Amalienbrücke, wie sie die Poststraße über die Mühlenhunte hinweg mit der Amalienstraße verband (Abb. 35 um 1905).

35

36

Eine andere Ansicht, ebenfalls um die gleiche Zeit aufgenommen (Abb. 36) zeigt die Amalie vom Stau aus gesehen und dann noch einmal aus etwas weiterer Entfernung und aus späteren Jahren (Abb. 37). Links verläuft die Huntestraße.

37

1963 riss man die Brücke Im Zuge der neuen Verkehrsplanung ab und verrohrte die Mühlenhunte.

38

Ihre verbliebene und stadtbildprägende Hubbrücken-Zwillingsschwester, die Cäcilienbrücke (Abb. 39 um 1937) ist nach wie vor noch in Betrieb. In absehbarer Zeit jedoch wird ihre Konstruktion und Technik grundlegende Veränderungen erfahren. Das steht schon mal fest.

Nicht zu verwechseln mit der guten alten Amalienbrücke ist die 1926 erbaute Hubbrücke gleichen Namens über den Küstenkanal, wie sie sich hier in der Aufnahme von 1966 in Aktion zeigt (Abb. 38). Auch diese Brücke gibt es seit 1980 nicht mehr.

39

40

Und nun nochmal eine Straßenbrücke über die Mühlenhunte, ganz in der Nähe des Schlosses, die im Volksmund ebenfalls Cäcilienbrücke genannt wurde (Abb. 40 um 1910) Auf der linken Seite geht's in die Elisabethstraße hinein, rechts in die Huntestraße. Aus dem kleinen Häuschen heraus (heute an dieser Stelle ein Kiosk) wurde den Passanten Sprudelwasser verkauft.

41

42

43

In die nämliche Huntestraße hinein führt dieses Foto, vermutlich aus den 1940er Jahren (Abb. 41). In der Bildmitte das alte Hallenbad. Geruhsam ging es zu und ebenso ruhig schippert ein kleines Spielzeugsegelboot auf der Mühlenhunte vor sich hin.

Über den Schlossgartenteich werfen wir noch einen Blick hinüber zur Elisabethstraße (Abb. 42) und auf der gegenüberliegenden Seite einen ebensolchen zur Gartenstraße (Abb. 43). Wunderbar atmosphärische Ansichten, wie sie sich um das Jahr 1907 dem Betrachter boten.

Hier zuletzt noch ein sportlicher Wasser-Gruß vom Hunte-Strandbad (Abb. 44). Dieses außerordentlich beliebte, rustikale Freibad mit seinen trägen braunen Fluten und den schwarzbunten Kühen auf den angrenzenden grünen Weideflächen, existierte bis Anfang der 1970er Jahre. Jedenfalls machte auch der Verfasser dort seinen „Freischwimmer" – im Rahmen des Schulsports, versteht sich.
Kalt war's!

44

Themawechsel.

„Höchste Eisenbahn" lautete der Titel einer Ausstellung, die in diesem Jahr 2017 im Stadtmuseum Oldenburg und im Museumsdorf Cloppenburg 150 Jahre Zugverkehr Revue passieren ließ. Von der Gründung der Großherzoglich Oldenburgischen Eisenbahn (G.O.E.) bis hin zu aktuellen Entwicklungen.

Diesem Unterfangen können wir nicht das Wasser (sic) reichen, aber ein paar Motive abbilden, das können wir doch.

Das schmucke G.O.E.-Dampfross namens Marka (Abb. 45 von 1876) wurde anfänglich mit Torf befeuert, das sparte gegenüber Kohle Kosten. Ihre erste Strecke von Oldenburg nach Delmenhorst nahm die Staatseisenbahn 1866 auf; es folgten Anschlüsse nach Bremen und nach Leer.

45

47

Das erste Direktionsgebäude bezog die Bahn 1868 am Pferdemarkt (Abb. 46). Schon damals hatte man erkannt, dass ein prima Betriebsklima durch gemeinsame, aushäusige Unternehmungen der Bediensteten gefördert werden kann. Von daher führte ein „Ausflug der Beamten der Oldenburgischen Staatseisenbahn“ (Abb. 47) am 8. Juli 1887 nach Varel, mit Spaziergang zum Kaffeehaus, mit Frühschoppen, Konzert und Ball ... bis zum Abmarsch und zur Rückfahrt.

46

Sowieso ließ sich per Bahnfahrt immer schon mehr erleben. Die viel viel spätere Deutsche Bundesbahn warb mal mit dem zündenden Slogan: „Die Bahn macht mobil", was aber nichts mit Mobilmachung zu tun hatte, wie Lästermäuler meinten.

Jedenfalls konnte man so Ende des 19. Jahrhunderts per Dampfross in die Gegend zwischen Dötlingen und Ganderkesee gelangen, wo dann im dortigen Stüher Wald eine menschliche Attraktion in Gestalt eines hünenhaften Mannes, nämlich des *Hinnerk Ahlers,* besser bekannt als Hasen-Ahlers, auf das Publikum wartete.

Er lebte einsiedlerisch in einem Schafkoben, seinen Bekanntheitsgrad verdankte er seiner Passion für die Wilddieberei, die ihn immer mal wieder hinter schwedische Gardinen brachte. Aber außer den Mümmelmännern u.a. tat er keiner Seele etwas an.

Auf Wunsch und für klingende Münze stimmte dieser Mensch vor seinen Besuchern gern sein Hasen-Ahlers-Lied an. Es endet mit der Strophe:

„Und bin ich einst gestorben,
Ihr Leute merkt es fein
Und setzt mir einen Hasen
Aufs Grab als Leichenstein"

1913 verstarb der Wilddieb dann auch und so sah „Hasen-Ahlers mit sien Püster" zu Lebzeiten aus (Abb. 48).

48

49

50

Seriös, gesetzestreu, loyal und dienstbereit, stellten sich demgegenüber um 1910 die Herren Aufsichtsbeamten (Abb. 49) des Oldenburger Bahnhofs dem Fotografen. Trotz allen Bemühens passierte irgendwas doch immer mal, wie der Eisenbahnunfall 1911 bei Rodenkirchen (Abb. 50). Stets am Ort des Geschehens mit dabei: die menschliche Neugier.

51

52

Kräftige Handarbeit und hohe Konzentration verlangte 1916 die Bedienung der mechanischen Anlagen des Oldenburger Stellwerks (Abb. 51) zur Steuerung des Bahnbetriebs mit seinen Weichen, Signalen und Sicherungen. Da war es Arbeitgeberseitig geboten, angemessene Dienstunterkünfte für fleißige Arbeitnehmer vorzuhalten.

Auf dem Gelände des Verschiebebahnhofs in Krusenbusch (Anm.: den gibt's nicht mehr) entstanden von daher Gebäude, wie dieses Doppelwohnhaus (Abb. 52) für mittlere Beamte. Darin je 1 Wohnzimmer, 1 Wohnküche, 3 Schlafräume, 1 Abort, 1 Waschküche, 1 Keller, 1 Bodenraum und 1 Stall. Der Stall, so hieß es, „reicht zur Haltung von 2 Schweinen und einer Kuh oder 2 bis 3 Ziegen aus". All das plus 200 Quadratmeter pachtfreies Land. Da konnte man doch nicht meckern.

Auch das spätere Bundesbahn-Ausbesserungswerk und ebenso der Gasspeicher an der Karlstraße (Abb. 53 von 1960) sind längst Geschichte, ebenso wie die berühmt-berüchtigte Verkehrssituation noch 1965 vor den damaligen Bahnschranken an der Heiligengeiststraße / Pferdemarkt. Trotz alledem schon beeindruckend, wenn mächtige Lokomotiven donnernd vorbeiqualmten (Abb. 54) Und das roch so gut!

53

54

Von der Eisenbahn zur Post.
Das waren doch noch Zeiten, als die Reitende Post hierzulande unterwegs war und man das „es gehet die Post ab" (Abb. 55 um 1780) auch nachdrücklich hören sollte, um deren Ankunft zu signalisieren oder den Weg freizugeben.

Auf einen begehrten Postillion-Job konnte übrigens nur derjenige hoffen, der gesundheitliche Robustheit mitbrachte, als zuverlässig galt, nicht trank, der Wege kundig war, mit Pferden umgehen und das Posthorn blasen konnte.

Uniform und Hoheitsabzeichen gehörten dazu – eine Ansichtskarte (Abb. 56), herausgegeben vom ehemaligen Frankfurter Bundespostmuseum, zeigt das Outfit der Oldenburger Postillione im Jahr 1820, vom „lackirtem Filzhuth" bis zu „Stiefel mit gelben Sporen".

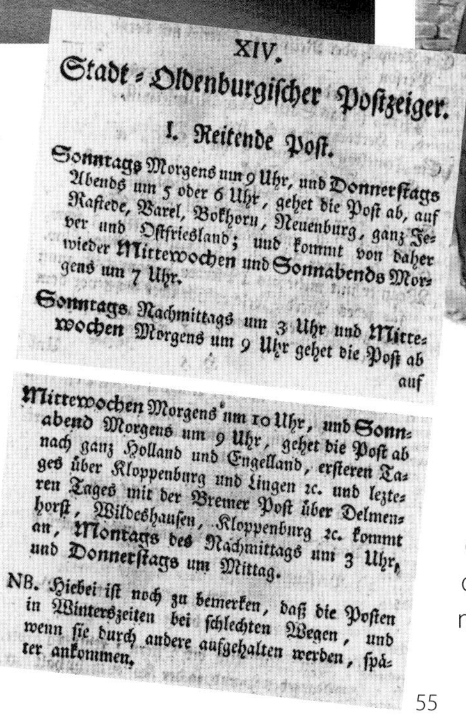

XIV.

Stadt-Oldenburgischer Postzeiger.

I. Reitende Post.

Sonntags Morgens um 9 Uhr, und Donnerstags Abends um 5 oder 6 Uhr, gehet die Post ab, auf Rastede, Varel, Bockhorn, Neuenburg, ganz Jever und Ostfriesland; und kommt von daher wieder Mittewochen und Sonnabends Morgens um 7 Uhr.

Sonntags Nachmittags um 3 Uhr und Mittewochen Morgens um 9 Uhr gehet die Post ab auf

Mittewochen Morgens um 10 Uhr, und Sonnabend Morgens um 9 Uhr, gehet die Post ab nach ganz Holland und Engelland, ersteren Tages über Kloppenburg und Lingen ꝛc. und letzteren Tages mit der Bremer Post über Delmenhorst, Wildeshausen, Kloppenburg ꝛc. kommt an, Montags des Nachmittags um 3 Uhr, und Donnerstags um Mittag.

NB. Hiebei ist noch zu bemerken, daß die Posten in Winterszeiten bei schlechten Wegen, und wenn sie durch andere aufgehalten werden, später ankommen.

55

56

Warum nun der mit Hut dem ohne Hut auf dem Bild etwas vorbläst, erschließt sich nicht so recht. Der ohne Hut lehnt sich jedenfalls entspannt auf eine Heugabel. Aber was müssen dem die Ohren geklungen haben bei dem nahen Getute!

Anleitung
zum
Trompetblasen
für die
Königlich Preußischen Postillone
mit einer
Musik-Beilage,
enthaltend:
die Postsignale, Beispiele zum Texte und verschiedene leichte dreistimmige Musikstücke.

Berlin,
gedruckt in der Königlichen Geheimen Ober-Hofbuchdruckerei (R. Decker).
1854.

57

Posthornsignale und Musikstücke der Oldenburger Postler beruhten vermutlich auf der Anleitung zum Trompetenblasen für die preußischen Kollegen (Abb. 57). Kann gut sein. Profimusiker waren die Postillione nicht. Und Notenlesen war auch nicht so einfach.

Das erste Oldenburger Postamt, oder richtiger gesagt das erste staatliche Posthaus befand sich seit 1801 am mittleren Damm (Abb. 58). Dazu hatte die Regierung das Haus des Kammerrats *Schloifer* gekauft und entsprechend umbauen und einrichten lassen.

So ganz kommod war das Postler-Dasein aber auch damals nicht, wie wir einem Schreiben von Postmeister *Chr. G. Starklof* aus dem Jahre 1804 an einen Postverwalter entnehmen müssen:

„... Das Publicum ist auf unsern Posten verwöhnt, wie Kinder, die nicht wissen, was sie wollen. In Hamburg, Bremen, Berlin, Petersburg pp. u. wo ich lange gewesen bin, haben es die Postbedienten besser wie wir. Unser Publicum glaubt, dass es uns chicaniren darf wie es will. Wenn wir todt sind, wird es besser werden ...“

Unser Beileid nachträglich.

58

59

1855 nahm ein späteres Postgebäude (Abb. 59 – vom Eingang der Ritterstraße aus gesehen) einen anderen Platz ein, auf dem letztlich 1901 die Kaiserliche Post entstand, deren imposantes Gebäude im Stil der niederländischen Backstein-Renaissance wir noch heute sehen. Hat mal eine Million Goldmark gekostet. Manche auswärtige Besucher halten es sogar für das Oldenburger Schloss. Neuerdings wurden darin Wohnungen und eine Gaststätte implantiert (also im alten Postamt / Fernmeldeamt).

Noch ein kurzer Zeitensprung zum Post-Thema: Am Bahnhofsplatz sah man ab 1930 einen weiteren Gebäudekomplex (Abb. 60) mit Schaltern fürs Publikum und genügend Räumlichkeiten für andere Postdienste, bezeichnet als Zweigpostamt Oldenburg 3.

60

61

Nun aber kommen wir zu den Fernmeldern. Das ist auch nicht uninteressant.

Denn wer um 1895 gelebt hätte, dem hätte sich von der Gartenstraße aus die Sicht auf folgendes Szenario eröffnet: Mittig neben den Türmen der St. Lambertikirche reckte sich eine andere Art von Turmgebilde empor (Abb. 61 um 1895). Dabei handelte es sich um den hölzernen Turm des Telegraphengebäudes am Markt.

Das Gebilde der Zimmermannskunst stand auf dem Hof des Hauses Markt 5 und war über 22 Meter hoch. Von dort aus führten Freileitungen zu den dafür notwendigen Empfangs-Gestängen auf den Dächern der angeschlossenen Fernsprech-Teilnehmer.

Die Telegraphie war zwar schon zehn Jahre vorher angelaufen, aber noch absolut nix für Hinz & Kunz. Anlässlich der Inbetriebnahme der ersten Oldenburger Fernsprechleitung vom Postgebäude am Jordan zum Telegraphengebäude am Markt verfügte der Kaiserliche Ober-Postdirektor an das Kaiserliche Postamt am 8. Mai 1885 denn auch:

„... Der telegraphische Verkehr
auf der in Rede
stehenden Fernsprechleitung
hat sich im Allgemeinen
auf die nothwendigsten
dienstlichen Anfragen
und Mittheilungen
zwischen den ... Geschäftsstellen
zu beschränken ...“

Um 1908 herum, die Fernsprech-Teilnehmerzahlen waren gestiegen, sehen wir in der Oldenburger Vermittlungsstelle (Abb. 62) bereits mehrere „Fräulein vom Amt", die in der bisherigen Männerdomäne langsam aber sicher die zumindest zahlenmäßige Überhand gewannen.

Das fragliche Telegraphen-Stationsgebäude zu Oldenburg existierte immerhin als reines Bauwerk noch weiter. 1967 aus der luftigen Höhe der St. Lambertikirche betrachtet, ist es das dritte Haus von links (Abb. 63). Zum Zeitpunkt der Aufnahme unterhielten dort die Oldenburger Vorortbahnen (Pekol) ihre Büros.

Das schmale Gebäude wiederum links neben dem Telegraphen-Stationsgebäude beherbergte das Hotel „Zum Erbgroßherzog". Auf dieses Etablissement kommen wir zum Schluss des Bandes noch einmal zurück.

62

63

64

Verweilen wir noch ein wenig in anderen technischen Gefilden und gehen jetzt, der Abwechslung halber, in die Luft.

Der in Oldenburg geborene spätere Ingenieur, Unternehmer und Luftschiffbauer *Johann Schütte* gewann seine Bekanntheit vor allem durch die Konstruktion und den Bau der Schütte-Lanz-Luftschiffe und avancierte zum zweitgrößten Produzenten militärisch genutzter Groß-Luftschiffe nach *Zeppelin*.

Einige Zeit lang widmete sich das Unternehmen Schütte-Lanz auch dem Bau von Doppeldecker-Jagdflugzeugen, was möglicherweise weniger bekannt ist. Diese Maschinen (Abb. 64 und 65 um 1916) gingen jedoch nie in die Serienproduktion.

65

Dem erwähnten *Zeppelin* sei jedoch auch noch ein Bild gegönnt. Hier schwebt das 150 Meter lange Marine-Luftschiff L. 32 über Oldenburg (Abb. 66) – im Jahr 1916 aufgenommen vom begleitenden Zeppelin L. 54 aus.

Noch im gleichen Jahr wurde L. 32 über London abgeschossen.

66

Nun, alles, was mit dem militärischen an sich und mit der Marine im besonderen zusammenhing, spielte im deutschen Kaiserreich eine Hauptrolle – und im Großherzogtum Oldenburg war das natürlich nicht anders.

So ab der Mitte des 19. Jahrhunderts kam der Matrosen-Look für Jungen ganz groß in Mode. Der kleine Erbgroßherzog *Nikolaus Friedrich Wilhelm* und ein treuer Vierbeiner schauen auf dem Bild um 1900 (Abb. 67) zwar nicht besonders fröhlich daher, aber immerhin in eine Richtung.

67

68

Über den kleinen *Nikolaus* haben wir in diesem Zusammenhang noch eine nette Geschichte gefunden, die ein gewisser *Heinrich Jakobs* damals aufgeschrieben hat und zu der die Abbildungen 68 und 69 passen:

„Von 1902 bis 1904 genügte ich meiner Militärpflicht beim O.I.R. 91. Im Juli 1903 war ich als Rekrut der Schlosswache zugeteilt ... Als ich nachmittags zwischen 16 und 17 Uhr vor dem Schilderhaus die üblichen Schritte auf und ab ging, sah ich, wie ein älterer Herr mit einem kleinen Jungen von vielleicht vier Jahren über den Fahrdamm kam.

Ich ahnte, daß der kleine Junge der Erbgroßherzog sein könnte. Und richtig!

Als ich noch ... überlegte, gab der Herr – wohl der Erzieher – mir einen Wink, indem er nach dem Jungen zeigte. Rasch stellte ich mich vor das Schilderhaus, nahm das Gewehr über und – als Königliche Hoheit 3 bis 4 Schritte von mir entfernt war, präsentierte ich das Gewehr.

Als der kleine Erbgroßherzog nun vor mir war, blieb er stehen, sah mich erstaunt an und fragte seinen Lehrer: „Was macht der Onkel da?"

70

Wie gesagt, Militär & Co. allenthalben, von klein bis groß und größer. Selbst der Dackel machte im Schilderhaus stramm Männchen, während der Knabe mit Pickelhaube und mit dem Säbel eines erwachsenen Soldaten daherkommt (Abb. 70 von 1903). Da dachte sich niemand etwas dabei; war halt lustig.

69

71

Als besagter Erbgroßherzog *Nikolaus* 10 Jahre alt geworden war, beförderte man ihn nach der Sitte des Hauses zum (Dragoner) Leutnant à la Suite. Und als solcher (Abb. 71) meldete sich der frische Teenager 1907 bei seinem Vater *Friedrich August*.

72

Tja, um diese Zeit herum herrschte vor der Infanteriekaserne auf dem Pferdemarkt schon reges Exerzieren (Abb. 72) bis es schließlich 1914 bitterer Ernst wurde und sich auch Reservisten zwecks Einkleidung und Ausrüstung für den Kriegsdienst auf dem Platz einzufinden hatten (Abb. 73).

73

Jetzt wird's ziviler. Wer immer eine zünftige Flugshow im Oldenburgischen erleben wollte, musste zum Flugplatz Ahlhorner Heide pilgern. Zum Beispiel im Sommer des Jahres 1924. Auf dem Rollfeld steht eine Junkers F 13, ein ziviler Tiefdecker für 4 Passagiere, der auch Fracht und Luftpost beförderte (Abb. 74). Über dem Platzgelände kurvt ein Kunstflieger, der mit seinem Hochdecker gerade einen Looping dreht. Scheint nicht alle interessiert zu haben.

Der renommierte Oldenburger Landesverein begab sich demgegenüber selbst in die Lüfte. Denn da so mancherlei erdgebundenes aus luftiger Höhe betrachtet, ganz neue Erkenntnisse ermöglicht, charterten die Verantwortlichen am 4. September 1955 eine zweimotorige Douglas DC 3 mit Platz für rund dreißig Passagiere (Abb. 75).

74

Vom seinerzeit britischen Militärflughafen Oldenburg hob man ab zur Exkursion über das oldenburgisch-ostfriesische Küstenland. Das Mitführen von Fotoapparaten war allerdings untersagt, deshalb müssen wir uns mit dem Bild der auch als „Rosinenbomber" bekannten Dakota DC 3 bescheiden.

Wieder auf festem Boden, unternehmen wir im Schlussabschnitt einen imaginären Streifzug durch das Oldenburg von vorgestern.

In alten Zeiten durfte sich nicht jeder Bewohner der Stadt „Bürger" nennen. Dies setzte vielmehr den Erwerb des Bürgerrechts und die Ablegung des Bürgereids (Abb. 76 von 1815) voraus. Damit verbanden sich gewisse Vorteile, wie die Erlaubnis ein Gewerbe auszuüben und der Schutz durch den Landesherren. Auf der anderen Seite aber auch Pflichten wie die Stadt zu verteidigen und ihr mit privatem Vermögen bei einer finanziellen Schieflage beizuspringen.

Heute, da die Bürger seitens der Behörden gern als „Kunden" bezeichnet werden, die behördliche Leistungen freudig entgegenzunehmen und nur wenige Abgaben/Gebühren zu entrichten haben, ist ein Eid zweifellos entbehrlich.

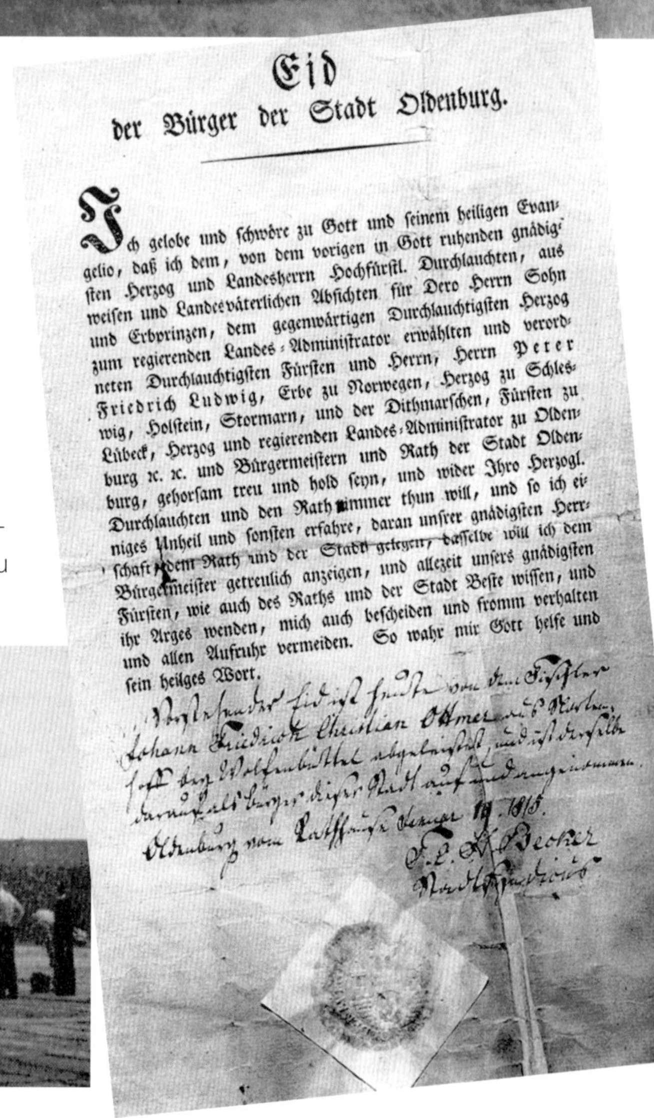

Eid
der Bürger der Stadt Oldenburg.

Ich gelobe und schwöre zu Gott und seinem heiligen Evan-
gelio, daß ich dem, von dem vorigen in Gott ruhenden gnädig-
sten Herzog und Landesherrn Hochfürstl. Durchlauchten, aus
weisen und Landesväterlichen Absichten für Dero Herrn Sohn
und Erbprinzen, dem gegenwärtigen Durchlauchtigsten Herzog
zum regierenden Landes-Administrator erwählten und verord-
neten Durchlauchtigsten Fürsten und Herrn, Herrn Peter
Friedrich Ludwig, Erbe zu Norwegen, Herzog zu Schles-
wig, Holstein, Stormarn, und der Dithmarschen, Fürsten zu
Lübeck, Herzog und regierenden Landes-Administrator zu Olden-
burg ꝛc. ꝛc. und Bürgermeistern und Rath der Stadt Olden-
burg, gehorsam treu und hold seyn, und wider Ihro Herzogl.
Durchlauchten und den Rath nimmer thun will, und so ich ei-
niges Unheil und sonsten erfahre, daran unsrer gnädigsten Herr-
schaft, dem Rath und der Stadt gelegen, dasselbe will ich dem
Bürgermeister getreulich anzeigen, und allezeit unsers gnädigsten
Fürsten, wie auch des Raths und der Stadt Beste wissen, und
ihr Arges wenden, mich auch bescheiden und fromm verhalten
und allen Aufruhr vermeiden. So wahr mir Gott helfe und
sein heilges Wort.

75

76

77

Ein wenig Marktplatz-Lokalkolorit des Jahres 1869 vermittelt das Aquarell des *Eugen von Trampe* (Abb. 77) mit Postkutsche und Horn blasendem Postillion. Siebzehn Jahre darauf, also 1886, beging man mit viel Tamtam die Grundsteinlegung (Abb. 78) für das dreieckige Rathaus, wie es uns seitdem vor Augen ist.

78

In der Lange Straße stand um 1870 ab Ecke Gaststraße in Richtung Rathaus eine Häuserzeile, die wie aus einer ganz anderen, fremden Welt anmutet. Nichts mehr davon blieb erhalten (Abb. 79). Das gleiche gilt für diese Häuser in der Kleinen Kirchenstraße (Abb. 80 vor 1900).

79

80

Aus der Vogelperspektive schweift der Blick nach 1875 vom Stau aus gesehen über die Stadt. Die St. Lambertikirche hat gerade erst einen hohen Glockenturm (Abb. 81) erhalten, die weiteren Nebentürme sollten Zug um Zug folgen.

Eine Lithographie (Abb. 82) aus den letzten Jahrzehnten des 19. Jahrhunderts zeigt den Ausblick vom ehemaligen Heiligengeisttor aus in die Lange Straße hinein. Das linke Gebäude beherbergte verschiedene Betriebe wie das Restaurant Hintzen. Rechts im Bild das Haus mit der Firma von Tapeten und Tuchwaren Schauenburg (später Max Ullmann).

81

82

Vom 1890 erbauten, ehemaligen „Uchtmanns Hotel“, dem rotgeklinkerten Gebäude, das noch heute an der Ecke Heiligengeiststraße und Heiligengeistwall direkt vor dem Lappan steht, gibt es eine hübsch gestaltete Werbeanzeige (Abb. 83).

Von zweifellos weniger attraktivem Äußeren war um 1880 die Oldenburger Dampfmühle (Abb. 84) an der Bremer Straße, gleich hinter der Cäcilienbrücke . Aber das Aussehen spielte seinerzeit nicht die erste Geige. Ein späterer Gaststättenanbau namens „Zur Mühle“ darf als erster Versuch gelten, an diesem Platz Gastronomie zu etablieren. Es sollten bis dato noch etliche Versuche mehr werden.

83

84

Als das Evangelische Krankenhaus am Steinweg (Abb. 85) sich noch als Backsteinbau zeigte und 1893 seiner Bestimmung übergeben wurde , bot es anfänglich 56 Patienten Platz. Zur Finanzierung des Hauses war eigens ein Verein gegründet worden, der die notwendigen Mittel durch Stiftungen und Sammlungen aufbrachte.

85

Auch die bauliche Finanzierung des Pius-Hospitals (Abb. 86 von 1910) an der Georgstraße erfolgte überwiegend durch Spendengelder katholischer Bürger, so dass es bereits 1871 die ersten Patienten aufnehmen konnte.

86

87

Das 1893 im Stil des Historismus errichtete Gebäude an der Huntestraße 10 (Abb. 87) bildete mit den schlichteren Nebengebäuden aus späterer Zeit (1906) einen lang vertrauten Anblick. Genutzt wurde das letztere Ensemble von der Landesversicherungsanstalt. 1973 ist der gesamte Komplex abgerissen worden.

88

Die alte Wassermühle (Abb. 88) am damaligen äußeren Damm gibt es schon seit 1908 nicht mehr. Sie stand ziemlich genau an der Stelle, an der sich noch heute das 1938 als Hauptzollamt eröffnete und jetzt von der Oberfinanzdirektion genutzte Gebäude (Abb. 89) befindet, nämlich an der Ecke Damm / Festungsgraben.

89

90

Am Großherzoglichen Amtsgericht (Abb. 90) vorbei führte um 1907 dieser ruhige Familienspaziergang. Im Hintergrund die weitere Elisabethstraße mit einer ersten Jugendstil-Villa, der andere folgen sollten.

91

Als die Nadorster Straße noch Nadorster Chaussee hieß, ist dieses Fotomotiv, wohl in den ersten Jahren nach 1900, entstanden. Leider ließ sich kein Hinweis finden, in welchem Abschnitt es genau aufgenommen wurde (Abb. 91).

92

Demgegenüber macht es uns ein stadtauswärts gerichteter Blick in die Ofener Straße (Abb. 92) einfacher. Allzu viel hat sich, bis auf den Straßenbelag, in der Ansicht um 1910 nicht verändert.

93

Gleiches gilt um die gleiche Zeit für das Haarenufer (Abb. 93). Noch bis 1901 rechnete man den schmalen Weg mit zur parallel liegenden Ofener Straße. Erst ab dann bekamen die Bauten am Haarenufer eigene Hausnummern.

Der Friedrich-August Platz ist bekanntlich nach dem letzten regierenden Oldenburger Fürsten benannt. Und da wir schon mal bei seiner Person sind, werfen wir ein Auge auf die Entstehung seiner großherzoglichen Portraitbüste. Der Berliner Bildhauer *Harro Magnussen* legt gerade nochmal ernsten Blickes Hand daran (Abb. 94).

„Dass die Büste durch preisgünstige Vervielfältigung bald Allgemeingut würde" wünschte sich denn auch ein Druckerzeugnis der Zeit.

94

95

Vom Friedrich-August-Platz selbst jedoch (Abb. 95 um die 1920er Jahre herum) mit den typischen, vom Architekten *Otto Katzmann* entworfenen Gebäuden in seiner Umgebung, scheinen eigentümlicherweise keine Abbildungen aus seiner Entstehungszeit zu existieren.

Der Julius-Mosen-Platz (einst Platz vor dem Haaren-Thore) ist seit seinem ursprünglichen, klassizistisch geprägten Entwurf vielfach umgestaltet worden. Anfangs der 1920er Jahre (Abb. 96) zeigte er ein noch recht beschauliches Gesicht.

Links das Café Spalthoff an der Einmündung der Kurwickstraße. Es hatte bis in die 1950er Jahre hinein Bestand.

Das Gebäude in der Bildmitte war ursprünglich als zweigeschossige, turmlose katholische Kirche errichtet worden. Später kam ein Stockwerk drauf, die Gaststätte Kramer und später das Hotel Haus Schöneck zogen ein.

96

Gegen Ende der 1920er Jahre stand eine „Persil-Uhr" auf dem Platz – damals ein in Deutschland durchaus begehrtes Objekt der Stadtmöblierung (Abb. 97).

97

Auch die beiden folgenden Ansichten von der gegenüberliegenden Straßenseite beeindrucken durch ihre ruhige Atmosphäre (Abb. 98 und 99). Die alte Feuerwache wachte bis 1955. Das Café Klinge dahinter gibt es erfreulicherweise weiterhin.

98

99

100

Im Hintergrund zeigt sich die 1876 fertiggestellte katholische Kirche St. Peter. Nur ihre Turmspitze ragt heute nicht mehr so hoch empor, da sie 1972 durch einen Orkan zum Absturz gebracht und durch ein kompakteres Modell ersetzt wurde.

Völlig aus dem Innenstadtbild verschwunden ist ein Gebäude von Oldenburgs einst größtem und ältesten Verlag Gerhard Stalling. Bei Stalling wurde so ziemlich alles hergestellt, was immer bestellt wurde und technisch möglich war, von den Briefmarken des Großherzogtums bis hin zu voluminösen Lexika und Großplakaten. Selbst Geldscheine druckte man bei Stalling. Nur zum Beispiel die Notgeldserie Deutscher Führhund (Abb. 100) oder den Zwei-Millionen-Mark Schein (Abb. 101).

101

1939 zeigte sich das Unternehmen noch am Standort Ritterstraße im Fahnenschmuck zur Feier des 150-jährigen Firmenjubiläums (Abb. 102).

Als spätere Stalling AG zog man ab 1960 an die Ammergaustraße. Dort endete 2005 eine lange Historie. Auf dem ehemaligen Betriebsgelände dort ist ein Wohnquartier gebaut worden.

102

An der Ecke dieses Quartiers wird die Ammergaustraße vom Hochheider Weg (Abb. 103) gekreuzt. Auf dem sammelten drei Jungs im Herbst 1947 Eicheln. Kann man doch wirklich nicht ahnen, dass diese Straße „ohne alles" der Hochheider Weg ist, wenn es einem keiner sagt.

104

Und dass dies den Innenhof der Cäcilienschule am Haarenufer zeigt (Abb. 104) wie er im Jahr 1955 aussah, als die Cäci noch eine reine Mädchenschule war, wer hätte das gedacht?

Da ist einem doch die Umgebung des Oldenburger Schlosses vertrauter. Motive davon gibt es ja eigentlich zuhauf. Doch ein wenig Kurort-Feeling, wie es diese Sicht in Richtung Schlosswache und St. Lambertikirche vermittelt (Abb. 105 von 1935) ist immer eine Erinnerung wert. Mit der gepflegten Grünanlage war es aber bald vorbei und spätestens 1966 wurde es richtig grauslich (Abb. 106).

103

105

106

Um diese Zeit ging es ja in Oldenburg städtebaulich allenthalben in Richtung Fußgängerzone. Der Weg zur autofreien Innenstadt nahm über zehn Jahre Zeit und Arbeit in Anspruch, bis alles funktionierte. Denn es war nicht allein mit dem Verlegen von neuen Pflastersteinen in der Altstadt getan. Da wurde auch viel weggeräumt und neu gebaut. Schließlich sollte die Stadt an sich autogerecht bleiben.

Fest steht: Die überschwänglichen Lobeshymnen aus den Anfangszeiten der Fußgängerzone sind seit langem realistischeren Sichtweisen gewichen. Oder wie der griechische Philosoph Heraklit wusste: panta rhei – alles fließt.

Hatten Innenstadt-Kaufleute anfänglich noch große Bedenken, ob die Kundschaft einzukaufen bereit war, wenn sie das Auto nicht direkt vor dem Laden parken konnte – gibt es mittlerweile andere Sorgen. Die drehen sich um Internet und Online-Shopping: Rasant wachsende Angebote von so vielen Branchen, bequem rund um die Uhr erreichbar.

Bevor damals alles für Königin und König Fußgänger hergerichtet wurde, quälte sich der Verkehr durch die Stadt, wie hier 1965 in der Achternstraße (Abb. 107). Auf der Baustelle entstand das seinerzeitige Neckermann-Kaufhaus.

107

108

Die Gaststraße (Abb. 108) war ebenfalls noch nicht autofrei. Der Opel Rekord P, links im Bild, galt als Verkaufsschlager. Seine den dicken USA-Schlitten nachempfundenen Panoramascheiben entsprachen dem Geschmack der Zeit.

109

Auch in der Staustraße standen die Autos gewissermaßen Schlange (Abb. 109) bevor sie 1968 hergerichtet wurde.

110

Nachdem jedoch der lang ersehnte neue Belag aus kleinflächigen 15 x 30 cm Betonsteinen mit ihren aufgerauten Oberflächen verlegt war, traten die Menschen zum Testlaufen an. Wie hier in der Schüttingstraße (Abb. 110), die 1969 mit buntem Basar-Feeling zu punkten wusste. Und der VW aus Mönchengladbach kam auch noch durch.

Das stylische Hallenbad am Schloss hatte da schon einige Jahre seit seiner Eröffnung hinter sich. Aber ebenso wie die Modernisierung der Fußgängerzone stand es für die Stadtpolitik der Zeit, sorgte für das erwünschte Großstadt-Ambiente (Abb. 111).

„Rat und Stadtverwaltung bemühen sich mehr und mehr, Einrichtungen vorwiegend kultureller Art in der Innenstadt zu konzentrieren ... Mit Hallenbad und Stadtmuseum werden weitere Freizeitangebote gemacht" ließ eine seinerzeitige Broschüre in bravem Amtsdeutsch wissen.

2007 wurden die letzten Wasserhähne im Hallenbad zugedreht. Auf seiner Fläche entstand ein Einkaufszentrum.

111

Womit soll dieser Band enden?

Erst einmal mit einem Glückwunsch zum 125-jährigen Jubiläum des 1892 gegründeten Unternehmens Isensee.

Unter der Adresse Haarenstraße 20 firmieren der Verlag, die Buchhandlung und das Spezialgeschäft „Lieblingsstücke“ mit Kindermode, Geschenkideen und besonderen Accessoires.

Die Abb. 112 zeigt die geruhsame Haarenstraße übrigens um die Mitte der 1920er Jahre.

112

Die Verlagssparte gilt seit langem als eine der bedeutendsten im Nordwesten Deutschlands. Überregionale Schwerpunkte bilden Titel zur Kunst- und Kulturgeschichte und zur Archäologie; ebenso belletristische Werke und Publikationen in niederdeutscher Sprache. Zu den bekannten und geschätzten Autoren zählen ... Na gut, das ist ja bekannt.

Endgültig finito ist aber erst, nachdem wir uns einen Bildpostkarten-Gruß (Abb. 113) aus dem Hotel „Zum Erbgroßherzog“ (s. Seite 33) zu Gemüte geführt haben. Fabriziert hat das ulkige Motiv *Carl Langhorst,* den der Oldenburger Hof gelegentlich als Portraitmaler engagierte – was ihm 1909 den Professoren-Titel einbrachte. Kann man mal sehen.

„Fein fein schameckt uns der Wein“, steht an der Wand geschrieben und darunter: „Anton’s Preis-Lied“. *Anton Meyn* hieß der damalige Betreiber des Etablissements – ein Treffpunkt der gehobenen Oldenburger Gesellschaft. 1972 wurde das Hotel am Markt abgebrochen. „Aber herrlich!“ muss es wohl gewesen sein.

113

Epilog

Ist es nicht eine eigentümliche Faszination, die von alten Bildmotiven ausgeht? Die das berührende Gefühl auslöst, den Wimpernschlag einer Geschichte vor Augen zu haben. Man kann sich hineindenken, sie lieben, sie gleichgültig abtun oder gering schätzen, je nachdem. Leisten wir uns unsere eigenen, emotionalen oder rationalen Gedanken dazu und lernen wir uns kennen.

Die Lösung des Rätsels auf Seite 13: „Viel Lärm um nichts“. Eine Komödie von William Shakespeare.

Michael P. Hopp
Straßen und Plätze in Oldenburg, Band 1
Bilder und Fotos aus zwei Jahrhunderten

60 Seiten, 60 s/w Abb., 2007, brosch.,
12,80 €, ISBN 978-3-89995-474-6

Seit jeher gestalten Menschen Städte nach ihren wechselnden Bedürfnissen – so hat auch in Oldenburg jede Generation durch die Jahrhunderte Änderungen und Veränderungen im Stadtbild veranlasst, erlebt und sie auf ihre Weise in ihrer Zeit mit Leben erfüllt.

Michael P. Hopp
Straßen und Plätze in Oldenburg, Band 2
Bilder und Fotos von früher bis heute

60 Seiten, 92 s/w Abb., 2008, brosch.,
12,80 €, ISBN 978-3-89995-565-1

Oldenburgs Altstadt mit allen Straßen, Plätzen und Gebäuden hat sich auf der langen Reise durch die Jahrhunderte gründlicher gewandelt, als man das vielleicht vermuten möchte – und das gilt auch für die bedeutenden baulichen Zeugen vergangener Epochen.

Michael P. Hopp
Straßen und Plätze in Oldenburg, Band 3
Denkmäler und Skulpturen

60 Seiten, 83 s/w Abb., 2009, brosch.,
12,80 €, ISBN 978-3-89995-674-0

Rund 360 Skulpturen, Plastiken, Büsten, Standbilder, Kriegerdenkmale, Ehrenmale, Mosaiken, Embleme und andere künstlerische Arbeiten finden sich momentan an unseren Straßen, auf unseren Plätzen, in Anlagen, Parks und an Gebäuden.

Michael P. Hopp
Straßen und Plätze in Oldenburg, Band 4
Bebilderte Erinnerungen aus dem letzten Jahrhundert

60 Seiten, 84 s/w Abb., 2010, brosch., 12,80 €,
ISBN 978-3-89995-750-1

Wer weiß nicht noch, wie es in der schwimmenden „Fischbratküche" am Stau oder beim „Wurst Maxe" am Heiligengeistwall schmeckte? Wer erinnert sich noch an die schönen Sommertage im „Polizeibad" an der Margaretenstraße?

Michael P. Hopp
Ärmel hoch! Oldenburger Aufbaujahre in Bildern · 1950er & 1960er Jahre

60 Seiten, 120 s/w Abb., 2011, brosch.,
12,80 €, ISBN 978-3-89995-826-3

Oldenburg in den ersten beiden Jahrzehnten nach 1945 – das ist auch die Geschichte einer Stadt, die in ihrer Substanz die Katastrophe des Zweiten Weltkriegs unbeschadet überstanden hatte. Als immense Herausforderung erwies sich die Aufnahme von rund 39.000 Flüchtlingen. Begeben wir uns auf eine Rückreise in die Zeiten des Neubeginns.

Michael P. Hopp
Neues von neulich – Impressionen aus Oldenburg · 1970er & 1980er Jahre

60 Seiten, 135 s/w Abb., 2012, brosch.,
12,80 €, ISBN 978-3-89995-940-6

Es konnte vielen nicht schnell genug gehen in den 1970er und 1980er Jahren. Mit dem allgemeinen Wandel in gesellschaftlicher, politischer und ökonomischer Hinsicht. Mit der antiautoritären Erziehung. Mit der Demokratisierung von Kultur. Mit den Friedensinitiativen und Umweltbewegungen. Mit der Emanzipation. Mit der Entwicklung der Stadt.

Michael P. Hopp
Oldenburg konkurrenzlos!
Motive & Momente aus der Vergangenheit

60 Seiten, 135 s/w Abb., 2013, brosch.,
12,80 €, ISBN 978-3-7308-1037-8

Sich von Zeit zu Zeit öffentlich gebührend in Szene zu setzen – das hat man in Oldenburg seit jeher verstanden. Ob dabei Menschen, Vierbeiner oder andere Dinge die Hauptrolle spielten, ist nicht so entscheidend. Was zählt und was blieb, sind „Zeitenbilder" des Augenblicks, die ihre Geschichten erzählen – als die Vergangenheit noch Gegenwart war.

Michael P. Hopp
Oldenburg
Kleine Episoden – große Momente

60 Seiten, 133 s/w Abb., 2015, brosch.,
12,80 €, ISBN 978-3-7308-1228-0

Ausgesprochene Zeitdokumente sind sie allemal, die über 130 Motive, die für diesen Band ausgewählt und zusammengetragen wurden. Es geht um Hauptsächliches und um Alltägliches, um Momente die in Erinnerung bleiben sollten oder tatsächlich blieben. Aus alledem entsteht eine Mischung, angereichert durch Zwischentöne, durch Fakten und Kurioses.